Helen Oxenbury
Wir lernen tanzen

Deutsch von Rolf Inhauser

Copyright © 1983 der englischen Originalausgabe
(The Dancing Class, Walker Books Ltd., London)
by Helen Oxenbury
Copyright © 1983 Text, Illustrationen und Ausstattung
der deutschen Ausgabe by Verlag Sauerländer,
Aarau und Frankfurt am Main
Printed in Italy by L.E.G.O., Vicenza

ISBN 3-7941-2423-5
Bestellnummer 01 02423

Helen Oxenbury
Wir lernen tanzen

Verlag Sauerländer
Aarau · Frankfurt am Main · Salzburg

Mami meint,
ich sollte tanzen lernen.

«Ja, die nehmen wir.
Da kannst du reinwachsen.»

«Und deine Haare stecken wir hoch,
wie bei den anderen Mädchen.»

«Kopf hoch, Bauch rein,
Knie durchgedrückt und
Zehen gestreckt», sagt die Lehrerin.

«Du mußt nicht weinen. Du wirst es schnell lernen. Komm, ich zeig' dir, wie man die Schuhe fest bindet.»

«Du hast sehr gut getanzt», sagt
die Lehrerin. «Willst du
nächste Woche wiederkommen?»

«Schau, Mami, so macht
man das. Ich zeig's dir
auf dem Heimweg», sage ich.